ERWIN BOHATSCH Arbeiten auf Papier

ERWIN BOHATSCH Arbeiten auf Papier

Text von Peter Waterhouse

JUNG
UND
JUNG

GALERIE IM TRAKLHAUS

DIE ENTDECKUNGEN

„daz ich da meine daz ist wortelos."
M. E.

Die anderswo her kommenden Formen – aber die Dinge sind in unserem Sehen wie in einem Denkbild; Buch, Tür, Fenster, Automobil sind alle in einem Denkbild. Es ist eine Türe zu sehen. Aber gibt es das: die sichtbaren Türen? Gibt es die sichtbaren Dinge? Wenn ich etwas sehe: sehe ich dann etwas? Ist ein Ahornblatt sehen ein Ahornblatt sehen? Sehe ich oder denke ich? Und ist vielleicht das Sehen das Gegenteil des Denkens? Wie komme ich von einem Denkbild weg und zu einem Bild hinüber? Das Bild zeigt kein Bild? Entdecke ich das Bild erst im Nichtbild?

Kann man es sich wörtlich so erklären: die Entdeckung einer Türe geschieht genau in ihrer Entdeckung; im Entdecken, Enthüllen, Entfernen des Türbilds, in der Aufdeckung und Abdeckung des Zugedeckten; das zugedeckte Denken entdecken. Also eine Art von Entdenken? Eine Ent-Architektur; nicht Bauen, sondern Abbau? Das Wegnehmen der Dächer und des Gedachten?

Enthüllen, aber da liegt nicht das Enthüllte, Klare, Aufgeklärte darunter – sondern da liegt das Vorklare, das Vordenkliche, das Vorsprachliche. Da sehe ich auf einmal den Maler zur Arbeit hingebeugt und mit beiden Armen arbeitend, das Bild entsteht zweiarmig, glaube ich, und wie gerne würden viele der Schriftsteller und Dichter mit ihren beiden Armen und beiden Händen arbeiten. Und was tut der vorgebeugte, zweiarmige Bohatsch da? Zeichnet er Vorbuchstaben? Er nimmt mit beiden Händen das Blatt auf und neigt es leicht und läßt die Tusche selbst zeichnen und schreiben: auf der entdeckten Fläche. Der Maler Bohatsch zweiarmig gebeugt über die Entdeckung. Bohatschs Alphabet. Alphabohatsch. Die Entdeckung der Alphagebiete.

Der Augenblick, wenn sich die Bedeutung formt, in einer Zone der Zeit zwischen dem kindlichen Lallen und Lauten und dem bedeutenden Wort wird in der Poesie des italienischen Dichters Andrea Zanzotto als Bedeutungsexplosion aufgefaßt, sprachgeschichtlich ist die Explosion *ex-plaudere*, *plaudere*, Beifall klatschen, aus Freude, Zustimmung, Feier, Lob einer enormen *Plausibilität*. So sehe ich Erwin Bohatsch über eine Zone enormer, erhöhter Plausibilität gebeugt, entdeckter Plausibilität. Hier her gehört die Geschichte vom Heuschreck und den Dolomiten. Der italienische Dichter in seiner frühen Kindheit, zuhause in einem Dorf des Veneto, entdeckt im kleinen hüpfenden Heuschreck auf der Wiese – im *saltabecco* – die ferne, jenseitige Sprungbewegung und Saltofähigkeit und Exaltationen der großen

Körper der Alpen. Im kleinen *saltabecco*, im kleinen Heuschreck die Extasen der Alpen. Dabei verbindet sich in einem Gedicht der Zic-zic-zic-Laut der Zikade mit dem Wort für hoch/*alto* und entwickelt das Wort: *salti*, ein Wort das Höhe anzeigt und worin das zic oder sic oder si der Zikaden mitsirrt. Dieser Sprung, von der Zikade zu den Alpen, ist aber nicht wirklich als denkerisch zu beschreiben, sondern entsteht erst im Bereich erhöhter Plausibilität oder Freiheit von Willkür. Das Kind sieht Alpha-Alpen. Das Kind ist im Alphatraum. Das Kind entdeckt das Alphabet.

Das zum ersten Mal Gesehene kehrt wieder. Ich stelle mir den Vorgang so vor, habe nie beobachtet oder zugeschaut: Erwin Bohatsch nimmt das Blatt in beide Hände, auf dem Blatt ist ein Tusche-Teich oder ein See, und er neigt und schwenkt zwischen seinen Händen das Blatt, aus dem Tusche-Gewässer rinnt ein dunkler Bach hervor und fließt so dahin und der Maler sieht Farbe und Form fließen und werden. Er sieht ein Alpha-Bächlein werden. So kommen ja auch die Bächlein der Landschaften, die vielen in den Voralpen: in den Bächen fließen die Anfänge herab. Die Bäche träufeln die Anfänge in uns und in die Welt. Die Bäche sind die anderswo her kommenden Formen, nämlich von den Anfängen her. In Bohatschs Bildern kommt alles von den Anfängen her. Sie lassen sich ansehen als ein Frühwerk.

Gibt es Regionen außerhalb der Deutung? Beginnt außerhalb der Deutung das Erkennen und endet dort das Verstehen? Ist Erkennen das Gegenteil von Verstehen? Da scheint es plötzlich, daß ich in Jerusalem bin, einer der aller ältesten Städte, und daß das Erkennen eine Art in Jerusalem zu sein ist. Ist Jerusalem anderswo, ist es wie außerhalb der Welt?

Erinnert dich das Bild an etwas, habe ich den Neunjährigen gefragt. – Nein. An nichts. Wahrscheinlich kein gutes Bild. Vielleicht erinnert es mich an etwas Untergehendes. Das U im Untergehen noch aufgehalten und festgehalten. – Was meinst du mit U? – Mit U meine ich U-Boot.

Hinweise darauf, daß anderswo her eine starke Plausibilität kommt, eine Plausibilität fast außerhalb der Welt. Der große, ein wenig vorneüber geneigte Erwin Bohatsch, vorneüber geneigte oder hinaus geneigte Bohatsch, oft irgendwie auf den Zehen und Ballen balancierend oder ein wenig schwebend und zumeist verschwiegen wie Tati, der auch vorneüber geneigt war und wippend gegangen ist. Erwin Bohatsch über das Anderswo der Bilder geneigt.

Peter Waterhouse
Wien, Jänner 2001

STARTHILFE

Wenn die Arbeit an den großen Formaten in Routine zu erstarren droht, die aufgespannte leere Leinwand in ihrer Perfektion mich anglotzt, wenn nichts mehr geht, sich das Gefühl breit macht, am Nullpunkt zu sein – an solchen Tagen mache ich ausschließlich Arbeiten auf Papier.

So entstehen die Papierarbeiten schubweise mit großen zeitlichen Zwischenräumen, sie sind keine Vorstufe zu den Leinwandbildern, sondern in sich geschlossene Arbeiten.

Es gibt keinen fixen Plan (eine gewisse Absichtslosigkeit ist mir wichtig), sondern es geht mir darum, einen Prozess in Gang zu bringen.

Das Material Papier mit seiner Leichtigkeit, beinahe Körperlosigkeit im Gegensatz zu den aufgespannten Leinwänden kommt mir dabei sehr entgegen – es hat keine physische Dominanz.

Ist eine Arbeit fertig, hefte ich diese mit dünnen Stahlstiften an die Atelierwand. Nach einigen Tagen ist so ein Block von mehreren Blättern entstanden. Jetzt kann ich entscheiden, welches Blatt ich aus der Gruppe nehme, es weiter bearbeite oder aber auch zerstöre.

Wichtig ist, daß das Papier immer dasselbe Format hat – es ist nie quadratisch, meistens ein Hochformat. Das hängt mit dem (vertikalen) Bildaufbau zusammen und ist ein Punkt, an dem sich die Papierbilder mit den Leinwandbildern treffen.

Ich würde die Blätter nicht als Serie bezeichnen, sondern als Werkgruppe, wobei jede Arbeit ihre Eigenständigkeit hat.

Im Gegensatz zu den Ölbildern sind die Papierarbeiten spontaner und intimer. Ich mache sie am Tisch sitzend, was an Tagebuchaufzeichnungen erinnert, sie sind sozusagen ungefiltert. In den neueren Arbeiten sind oft Bleistiftlinien eingebaut, wobei die Zeichnung teilweise mit den Farbfeldern, teilweise dagegen läuft. Dadurch entstehen kleine Brüche, die eine Spannung erzeugen. Sie sind, wie auch die Leinwände, ein Appell an die Sensibilität des Auges.

Feber 2001, E.B.

ARBEITEN AUF PAPIER 1991 – 2001

„Walzer IV", Juni 1991
Acryl, Öl auf Papier
59 x 39 cm

Jänner 1993
Acryl, Öl auf Papier
57 x 38 cm

August 1994
Acryl, Öl auf Papier
57 x 38 cm

„Zwei Kreise", 1995
Acryl, Öl, Bleistift auf Papier
57 x 38 cm

Oktober 1995
Acryl, Öl auf Papier
57 x 38 cm

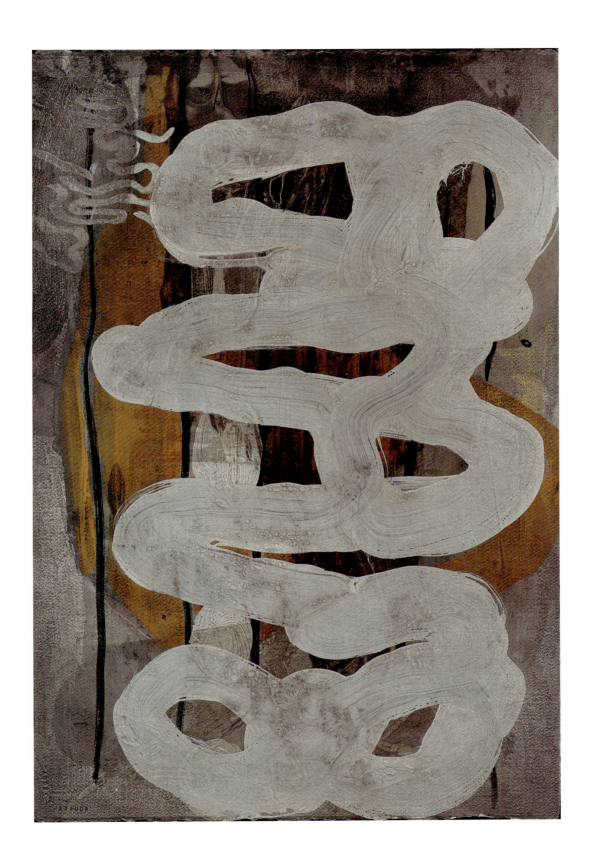

Juli 1996
Acryl, Öl auf Papier
57 x 38 cm

Juli 1996
Acryl, Öl auf Papier
57 x 38,5 cm

September 1997
Acryl, Öl auf Papier
58 x 39,3 cm

19. September 1998
Acryl, Öl, Bleistift auf Papier
63 x 44 cm

17. April 1999
Acryl, Öl, Bleistift auf Papier
63 x 44 cm

4. Oktober 1999
Acryl, Öl auf Papier
63 x 44 cm

3. November 1999
Acryl, Öl auf Papier
63 x 44 cm

4. November 1999
Acryl, Öl auf Papier
63 x 44 cm

5. Jänner 2000
Acryl, Öl auf Papier
63 x 44 cm

10. August 2000
Acryl, Öl, Bleistift auf Papier
63 x 44 cm

13. August 2000
Acryl, Öl, Bleistift auf Papier
63 x 44 cm

28. August 2000
Acryl, Öl, Bleistift auf Papier
63 x 44 cm

22. November 2000
Acryl, Öl, Bleistift auf Papier
63 x 44 cm

3. Jänner 2001
Acryl, Öl, Bleistift auf Papier
63 x 44 cm

9. Jänner 2001
Acryl, Öl, Bleistift auf Papier
63 x 44 cm

DRUCKGRAPHIK UND MONOTYPIEN 1985 – 2001

Die beiden Radierungen auf den folgenden Seiten sind im Werksverzeichnis unter Nummer 11 angeführt.

Die folgenden Monotypien sind 2001 entstanden, in mehreren Farben, von Kupferplatten gedruckt, 63 x 44 cm (Platte), 77 x 53,5 cm (Papier) (siehe Werksverzeichnis Nummern 64 – 94).

Monotypien

Der Salzburger Kunstsammler Josef Neuhauser regte seinen Freund Erwin Bohatsch zu Experimenten mit Druckgrafik an und empfahl, dabei auch auf seine Erfahrungen mit seinen „weißen Bildern" zurück zu greifen. Er stellte die Verbindung zu Eva Möseneder, der Leiterin einer bekannten Salzburger Druckwerkstätte, her. Die gemeinsame Arbeit in Möseneders Atelier in Salzburg, Bürgerstraße 3, begann im März 1999. Da Bohatsch prüfen wollte, welche Ergebnisse mit verschiedenen Platten zu erreichen seien, wurden zunächst einfarbige helle Drucke von Zink, Messing, Kupfer, Blech und Stahl abgezogen. Die Struktur des Kupfers sagte Bohatsch am meisten zu. Er zeichnete Farbproben auf diese Abzüge, die ihn jedoch nicht befriedigten. Möseneder schlug nun Monotypien vor, deren Reiz dem Künstler gefiel, da sie auf den ersten Blick wie Radierungen erscheinen, dann aber doch eine eigene Wirkung erzielen. Bohatsch trug nun mit einer Gummirakel die Radierfarben auf die Kupferplatte auf: zunächst Transparentweiß, bei späteren Exemplaren Deckweiß, das nach einiger Zeit vergilbte und sich gelblich verfärbte. Bohatsch ging von seinen weißen Bildern aus, lernte aber, daß er hier die Farbe sehr zurückhaltend aufzutragen habe. Allmählich mischte er etwas Schwarz ein. Auf der Platte verbliebene Farbreste eines Druckes wurden gelegentlich für das nächste Motiv weiter verwendet. Für die schwarzen Bilder wurde zunächst die Kupferplatte eingefärbt und das Motiv in Schwarz darüber gerakelt. Das Ergebnis stellte Bohatsch nicht zufrieden. Nach einigen Versuchen entschlossen sich Künstler und Druckleiterin zur Verwendung von zwei Platten. Auf die erste wurde das Motiv in Schwarz gerakelt, schließlich wurde die schwarz eingefärbte Platte darüber gedruckt.
Im Jänner 2001 setzten Bohatsch und Möseneder ihre Arbeit im Salzburger Atelier nach dem gleichen Prinzip fort. Diesmal wurden für einen Druck bis zu drei Platten herangezogen. Die Farbpalette wurde erweitert.

H.W

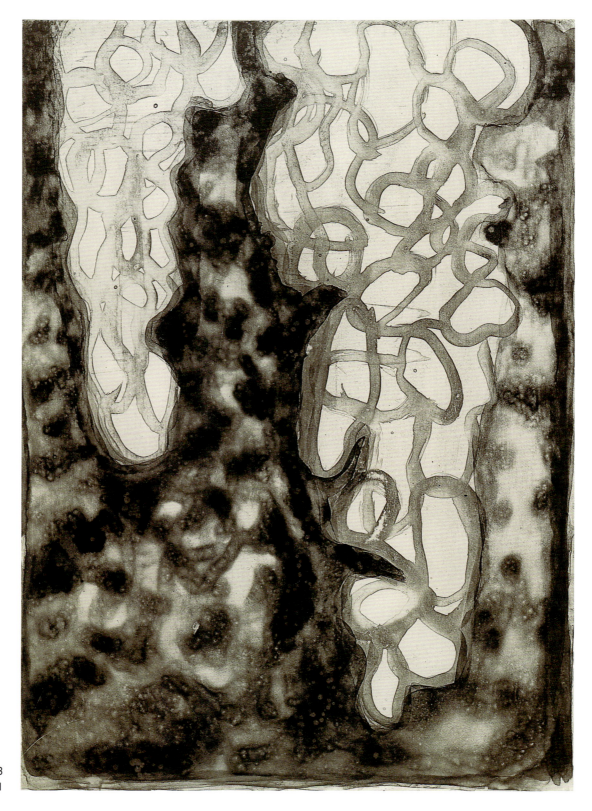

Radierung, 1993
WV 11

Radierung, 1993
WV 11

Monotypie, 2001
WV 64

Monotypie, 2001
VV 68

Monotypie, 2001
WV 74

Monotypie, 2001
WV 76

Monotypie, 2001
WV 80

Monotypie, 2001
WV 93

Monotypie, 2001
WV 79

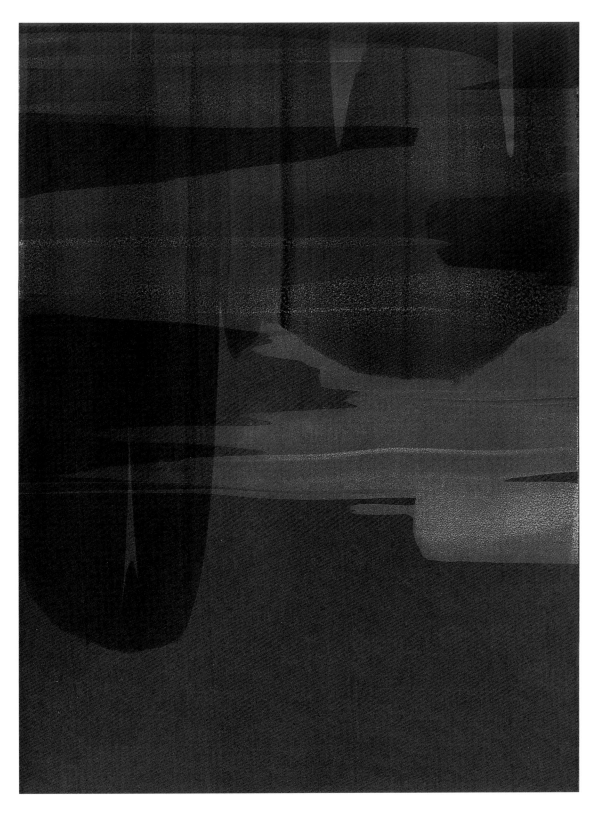

Monotypie, 2001
WV 86

ERWIN BOHATSCH
DAS DRUCKGRAFISCHE OEUVRE 1985 – 2001

Werksverzeichnis
Erstellt von Mechtild Widrich und Hans Widrich

Seit gut zwei Jahrzehnten interessiert sich die internationale Kunstszene für die subtile Malerei von Erwin Bohatsch. Eine beträchtliche Anzahl von Autorinnen und Autoren befaßt sich in Büchern und Katalogen mit seinen Bildern. Parallel zur Malerei widmet Erwin Bohatsch den Arbeiten auf Papier besondere Aufmerksamkeit. In der Galerie im Traklhaus in Salzburg wird dieser bedeutsame Aspekt seines Schaffens nun erstmals dokumentiert. Dazu gehört auch seine Druckgrafik, die in vielen Fällen auf Ersuchen interessierter Auftraggeber entstanden ist. Stilistisch spiegelt sie die Phasen seines jeweiligen Schaffens wider, und auch in ihnen ist der Ernst des Künstlers erkennbar, der sich auf jede grafische Technik eingehend vorbereitet. Die Druckwerkstätten verlassen nur perfekte Resultate.

Das vorliegende Werksverzeichnis wurde in Zusammenarbeit mit Erwin Bohatsch erstellt und von ihm autorisiert. Es dokumentiert den Stand vom 1. März 2001.

Je ein Belegexemplar der Nummern 1 bis 17 und 95 befindet sich im Archiv des Verlags Widrich Salzburg / Wien.

M.W., H.W.

WV 1
Ohne Titel, März 1985
Lithografie mit Kreide und Lithotusche in einer Farbe (Schwarz)
Anlass: Beilage der Katalog-Sonderausgabe der DAAD-Galerie, Berlin
Plattenmaße: 27 x 21,5 cm, Papiermaße: 42 x 29 cm
Papier: Bütten
Druckwerkstatt: Lithowerkstätte im Künstlerhaus Bethanien, Berlin
Herausgeber: Galerie Skulima, Berlin
Auflage: 35 arabisch nummeriert und signiert

WV 2
Ohne Titel, 1988
Linolschnitt in einer Farbe (Schwarz)
Anlass: Blatt für die Mappe der Galerie Krinzinger, Wien
Plattenmaße: 30,7 x 21 cm, Papiermaße: 50 x 33 cm
Papier: BFK Rives France
Druckwerkstatt: Kurt Zein, Wien
Herausgeber: Galerie Krinzinger, Wien

WV 1

WV 3

„Schiefer Tanz", 1988

Buch mit zehn kolorierten Lithografien in Kassette

Plattenmaße: je 24 x 18 cm, Papiermaße: je 42,3 x 30,8 cm

Papier: BFK Rives France, 210 g, Bucheinband: Romabütten, 130g,
orange eingefärbt, oben rechts Schleife aus „Schiefer Tanz" in eingeprägtem Viereck, Rücken: Halbpergament grün mit Schrift ERWIN
BOHATSCH SCHIEFER TANZ, 42,5 x 31 cm, Zwischenpapierlagen:
Zanders Reflex 145g, 42,3 x 30,8 cm. Kassette: Romabütten, 130g,
schwarz eingefärbt, oben rechts Schleife aus „Schiefer Tanz" auf weiß
eingeprägtem Viereck in Siebdruck. Rücken: Halbpergament grün mit
Schrift ERWIN BOHATSCH SCHIEFER TANZ, 43,8 x 32,3 cm.

Druckwerkstatt: Steindruck-Werkstatt Christoph Novotny und
Delphindruck, Wien

Verleger: Cypress Los Angeles (Thomas Hansen)

Auflage: 30 arabisch, 7 römisch, nummeriert und signiert nach dem
Titelblatt

Buch und Kassette wurden von Thomas Hansen hergestellt.

Impressum: Schiefer Tanz entstand im Sommer 1988. Die Lithografien
„Nähe", „Kreuzblume", „Schiefer Tanz", „Nerven", „Schnitt", „Pendel"
wurden mit einer Farbe, „Meine Kammer", „Ohrensand", „Stille" mit
zwei Farben, „Ost" mit drei Farben gedruckt und von Erwin
Bohatsch koloriert.

Schrift: Walli Jungwirth, Einband: Das Buch Ein Band, Konzept und
Gestaltung: Erwin Bohatsch und Thomas Hansen. Sämtlich in Wien.

Abb. daneben: 3.7 „Ohrensand", Lithografie in 2 Farben

WV 3

WV 4

Ohne Titel, November 1989

Radierung in Aquatinta, Weichgrund, Strichätzung und Kaltnadel in
vier Farben (Ultramarin, Krapplack, Schwarz, Weiß) auf vier
Kupferplatten, vom Künstler partiell mit Aquarell überarbeitet

Anlass: Jahresgabe des Vereins der Freunde des Rupertinums

Platten/Papiergröße: 37,3 x 54,7 cm (abfallend)

Papier: Bütten

Druckwerkstatt: Kurt Zein, Wien

Herausgeber: Verein der Freunde des Rupertinums, Salzburg

Auflage: 40 arabisch, 1 Druckexemplar

WV 5

Ohne Titel, 1989

Siebdruck in drei Farben (Dunkelgrau, Hellgrau, Karminrot), vom
Künstler auf Sieb gezeichnet

Anlass: Kundengeschenk der Firma ATS in Fehring, Steiermark

Platten/Papiergröße: 50 x 53,8 cm (abfallend)

Papier: Bütten

Druckwerkstatt: Schilcher, Graz

Herausgeber: Firma ATS, Fehring

Auflage: 300 arabisch nummeriert und signiert

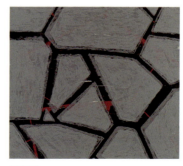

WV 5

WV 6
Ohne Titel, 1990
Lithografie in zwei Farben (Dunkles Kobaldblau, Lachs)
Anlass: Jahresgabe des Kunstvereins für Rheinlande und Westfalen,
Düsseldorf
Plattengröße: 45 x 35 cm, Papiergröße: 66 x 50,2 cm
Papier: BFK Rives France
Druckwerkstatt: Christoph Novotny, Wien
Herausgeber: Kunstverein für Rheinlande und Westfalen, Düsseldorf
Auflage: 30 arabisch nummeriert und signiert, 8 Probedrucke

WV 6

WV 7
Ohne Titel, 1991
Lithografie in vier Farben (Veronese-Grün, Zitronengelb, Hellgrau,
Dunkelbraun)
Plattengröße: 53,2 x 42,2 cm, Papiergröße: 76,3 x 56,5 cm
Papier: BFK Rives France 300g hellgrau
Druckwerkstatt: Taborpresse Berlin (Trockenstempel)
Verleger: Imprimatur - Edition für Originalgraphik, Berlin
Auflage: 25 arabisch nummeriert und signiert, 3 E.A.,
2 Druckerexemplare

WV 8
Ohne Titel, 1991
Lithografie in fünf Farben (Zitronengelb, Hellblau, Chromoxydgrün,
Schwarz, Orange)
Plattengröße: 53,4 x 41,7 cm, Papiergröße: 76,3 x 56,5 cm
Papier: BFK Rives France 300g
Druckwerkstatt: Taborpresse Berlin (Trockenstempel)
Verleger: Imprimatur - Edition für Originalgraphik, Berlin
Auflage: 25 arabisch nummeriert und signiert, 3 E.A.,
2 Druckerexemplare

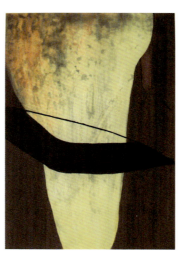

WV 9
„Fließend", Juni 1992
Radierung auf zwei Kupferplatten und einer Kunststoffplatte:
Aquatinta, Pinselätzung, Kaltnadel, Roulette, in fünf Farben
(Zitronengelb, Orange, Schwarz, Rotbraun, Dunkelbraun)
Anlass: SN-Graphik-Galerie
Plattengröße: 56 x 39,5 cm, Papiergröße: 75,5 x 53,5 cm
Papier: Zerkall Bütten 270g
Druckwerkstatt: Kurt Zein, Wien
Verleger: Hans Widrich, Salzburg
Auflage: 50 arabisch, 5 römisch, 2 Druckerexemplare, zusätzlich 5
und 2 p.p. in Schwarz
Publiziert: Salzburger Nachrichten, 14. 8. 1992, S. 36

WV 9

WV 10
Ohne Titel, Dezember 1992 (Druck Jänner 1993)
Radierung mit Aquatinta und Weichgrund in einer Farbe (Schwarz)
Plattengröße: 27,7 x 20,8 cm, Papiergröße: 53,5 x 38,5 cm
Papier: Zerkall Bütten 270g
Druckwerkstatt: Kurt Zein, Wien
Verleger: Franz Morat, Freiburg (BRD)
Auflage: 20 nummeriert und 10 E.A. und 2 Druckerexemplare

WV 11 (2 Abbildungen im Bildteil)
„Weiche Zonen", Dezember 1992 (Druck April/Mai 1993)
Kassette mit Titelblatt und sechs Radierungen.
Radierungen (11.1 – 11.6) auf je einer Kupferplatte in Zuckertusche,
Aquatinta, Pinselätzung, Roulette, in einer Farbe (Schwarz)
Plattengröße: 57,5 x 40 cm, Papiergröße: 76 x 54 cm
Papier: Zerkall Bütten 270g
Druckwerkstatt: Kurt Zein, Wien
Verleger: Hans Widrich, Salzburg
Auflage: 40 nummeriert, 10 E.A., 1 H.C., 2 Druckerexemplare
Kassette mit Prägedruckschrift: Ernst Ammering, Ried i. I., OÖ

WV 10

WV 12
„Solitaire", Dezember 1993
Leporello mit zehn Doppelbildern in Gummi geschnitten, in mehre-
ren Farben gedruckt und teilweise lasiert, in Futteral mit
Schutzumschlag
Platten/Papiergröße: 36,5 x 32 cm (abfallend)
Papier: Rivolibütten 240g, Futteral: Offsetpapier 110g, hellblau
Drucker: Erwin Bohatsch und Thomas Hansen
Verleger: Cypress Los Angeles (Thomas Hansen)
Auflage; 30 arabisch, 3 römisch, 2 Ausstellungsexemplare
Das Buch wurde im Herbst 1993 im Atelier Bohatsch in Beistein 46,
Steiermark, hergestellt. Erwin Bohatsch färbte die Papiere ein, schnitt
die Gummischablonen für die Matrize und die Schrift. Den Druck
besorgte Erwin Bohatsch gemeinsam mit Thomas Hansen, der dann
die Buchbinderarbeiten alleine übernahm.

WV 12

WV 13
Ohne Titel, Ende 1993
Radierung in Aquatinta, Korund, Pinselätzung in einer Farbe: verschie-
dene Grautöne
Anlass: Experimentierblatt
Platten/Papiergröße: 118,5 x 78,5 cm (abfallend)
Papier: Bütten
Druckwerkstatt: Kurt Zein, Wien
Auflage: 1, signiert, auf der Rückseite bezeichnet mit „1", „rauh"
Platte weiter bearbeitet für WV 14

WV 14
Ohne Titel, Ende 1993
Radierung in Aquatinta, Korund, Pinselätzung in einer Farbe:
verschiedene Grautöne in mehreren Schichten
Anlass: Experimentierblatt
Platten/Papiergröße: 118,5 x 78,5 cm (abfallend)
Papier: Bütten
Druckwerkstatt: Kurt Zein, Wien
Auflage: 1, signiert, auf der Rückseite bezeichnet mit „2", „matt"
Platte weiter bearbeitet für WV 15

WV 15
Ohne Titel, Ende 1993
Radierung in Aquatinta, Korund, Pinselätzung in zwei Farben: Grau
und Schwarzblau
Anlass: Experimentierblatt
Platten/Papiergröße: 118,5 x 78,5 cm (abfallend)

WV 14

Papier: Bütten
Druckwerkstatt: Kurt Zein, Wien
Auflage: 1 signiert, auf der Rückseite bezeichnet mit „Zum Schluß
Platte 2 mit Schw. Bl. darüber gedruckt", „3 matt"

WV 16
Ohne Titel, November 1996 (gedruckt Februar 1997)
Radierung in Aquatinta, Pinselätzung, Korund in zwei Farben: Schwarz,
warmes Grau von zwei Platten
Anlass: Blatt für die Kassette „Für Otto Breicha"
Platten/Papiergröße: 50 x 35 cm (abfallend)

Papier: Zerkall Bütten 270g
Druckwerkstatt: Kurt Zein, Wien
Herausgeber: Dietgard Grimmer
Auflage: 12 arabisch, 3 E.A., 1 Druckerexemplar
Publiziert: Dietgard Grimmer „Für Otto Breicha", Salzburg 1997

WV 17
Ohne Titel, Oktober 1999 (gedruckt November 1999)
Radierung in Zuckertusche und Aquatinta in drei Farben: helles
Blaugrau, Grüngrau, dunkles Grau von drei Platten
Anlass: Blatt für die Kassette „Burkina Faso"
Plattengröße: 30 x 21 cm, Papiergröße: 48 x 33 cm

WV 16

Papier: Zerkall Bütten 270g
Druckwerkstatt: Kurt Zein, Wien
Herausgeber: Club an der Grenze
Auflage: 45 arabisch, 26 h.c., 5 E.A., 2 Druckerexemplare E.A.

WV 18 – 63 MONOTYPIEN
Ohne Titel, 1999. Die weißen Monotypien wurden am 2. und 3. Mai
hergestellt, die schwarzen am 14. Juni 1999. Monotypien in einer
Farbe (18 – 47 weiß bis hellgrau, 48 – 63 schwarz), 18 – 47 von einer
Kupferplatte, 48 – 63 von zwei Kupferplatten
Plattenmaße: 45 x 32,7 cm, Papiermaße: 67,5 x 53 cm
Papier: Zerkall Bütten 250g, weiß, extra stark geleimt
Druckwerkstatt: Eva Möseneder, Salzburg
Herausgeber: Josef Neuhauser, Salzburg
Auflage: jeweils 1, vom Künstler rechts unten signiert

WV 64 – 94 MONOTYPIEN (8 Abbildungen im Bildteil, Frontispiz)
Ohne Titel, 2001. WV 64 – 70 wurden am 16. Jänner, WV 71 – 78
am 17. Jänner, WV 79 – 94 am 18. Jänner gedruckt.
Monotypien in verschiedenen Farben, von Kupferplatten gedruckt
Plattenmaße: 63 x 44 cm, Papiermaße: 77 x 53,5 cm
Papier: Zerkall Bütten 250g, weiß, extra stark geleimt
Druckwerkstatt: Eva Möseneder, Salzburg

WV 25

Herausgeber: Josef Neuhauser, Salzburg
Auflage: jeweils 1, vom Künstler rechts unten signiert, auf der
Rückseite rechts unten Nummer im Werkverzeichnis
WV 64: Goldocker, Schwarz, Weiß lasiert
WV 65: Hellocker, Schwarz
WV 66, 67: Goldocker, Schwarz
WV 68: Hellocker, Schwarz
WV 69, 70, 71: Goldocker, Dunkelocker
WV 72: Goldocker, Dunkelocker, Firnisspuren
WV 73: Goldocker, Dunkelocker, Irisdruck
WV 74, 75: Lachs hell und dunkel
WV 76: Lachs hell und dunkel, Schwarz
WV 77: Lachs hell und dunkel, Silbergrau, Dunkelgrau
WV 78, 79, 80, 81: Van Dyck-Braun hell und dunkel
WV 82: Van Dyck-Braun hell und dunkel, Pariser Blau
WV 83: Van Dyck-Braun hell und dunkel

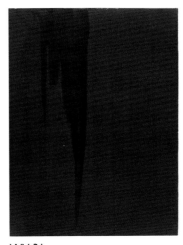

WV 84: Abgetöntes Weiß
WV 85, 86: Van Dyck-Braun hell und dunkel, Weiß
WV 87: Van Dyck-Braun hell und dunkel
WV 88, 89, 90, 91: Abgetöntes Weiß
WV 92: Abgetöntes Weiß, ein Hauch von Van Dyck-Braun
WV 93, 94: Abgetöntes Weiß mit Plattenstruktur

WV 31

WV 95
Ohne Titel, Februar 2001
Lithografie in sechs Farben: warmes Grau, Schwarz, Weiß,
von sechs Steinen
Papiergröße: 57 x 72 cm (abfallend)
Papier: Zerkall Bütten 450g
Druckwerkstatt: Chavanne Pechmann, Apetlon
Herausgeber: Roland Velich
Auflage: 45 nummeriert, 10 E.A.

ERWIN BOHATSCH

1951	in Mürzzuschlag in der Steiermark geboren
1971 – 1976	Studium an der Akademie der Bildenden Künste in Wien
	lebt in Wien und Beistein/Steiermark
1983	Otto-Mauer-Preis
1984/85	DAAD-Stipendium für Berlin-Aufenthalt
1987	Karl-Rössing-Preis für Graphik des Rupertinums
1996	Preis der Stadt Wien

Einzelausstellungen (Auswahl):

1983	Neue Galerie am Landesmuseum Joanneum, Graz (Katalog, Text von Wilfried Skreiner)
1984	Galerie Krinzinger, Innsbruck (Kat., Texte: Wilfried Skreiner, Otto Breicha)
1985	DAAD-Galerie, Berlin (Kat., Texte: Wieland Schmied, Jiri Svestka, Helmut Draxler)
	Sharpe Gallery, New York
	Galerie Bleich Rossi, Graz (Kat., Text: Helmut Draxler)
1986	Galerie Skulima, Berlin
1987	Galerie Krinzinger, Wien (Kat., Text: Peter Waterhouse)
1988	Galerie Skulima, Berlin
	Sharpe Gallery, New York
1991	Galerie Volker Diehl, Berlin (Kat.)
	Galleri Doblong, Oslo
	Rupertinum, Salzburg
	„Restluft", Stadtkino, Salzburg
1992	„Die synoptischen 3er" Secession, Wien (mit Johanes Zechner) (Kat., Text: Robert Fleck)
	Buchpäsentation bei der Internationalen Sommerakademie für Bildende Kunst, Salzburg (Residenz Verlag, Text: Christian Kravagna)
1993	Galerie Volker Diehl, Berlin (mit Lois Weinberger)
1994	Galerie Thoman, Innsbruck (Kat., Text: Markus Mittringer)
	„Die Wand", StadtRaum Remise, Wien

1996	Galerie König & Lettner, Wien
1997	Galerie Thoman, Innsbruck (Kat., Text: Rainer Fuchs)
1998	Kunsthaus Bregenz (Kat., Texte: Edelbert Köb, Michael Lüthy)
	Atelier 11, Triesen, Liechtensteinische Staatliche Kunstsammlung, Vaduz (Kat., Ausschnitte eines Gesprächs zwischen Edek Bartz und Erwin Bohatsch)
1999	Museum Moderner Kunst Sammlung Ludwig Wien (Kat., Texte: Michael Lüthy, Susanne Neuburger, Martin Prinzhorn, Lóránd Hegyi)
	Galerie CharimKlocker, Wien
2000	Galerie c.art, Dornbirn
	Galerie Lelong, Zürich (mit Johanes Zechner)
2001	Galerie im Traklhaus, Salzburg (Kat., Texte: Erwin Bohatsch, Peter Waterhouse)
	Galerie CharimKlocker, Wien

Ausstellungsbeteiligungen (Auswahl):

1981	„Neue Malerei in Österreich", Neue Galerie am Landesmuseum Joanneum, Graz (Kat., Text: Wilfried Skreiner)
1982	„Junge Künstler aus Österreich", Kunstmuseum Luzern (CH) und Rheinisches Landesmuseum, Bonn, (Kat., Text: Wilfried Skreiner)
	„Zeitgeist", Martin Gropius-Bau, Berlin (Kat.)
1984	„An International Survey of Recent Painting and Sculpture", Museum of Modern Art, New York (Kat.)
	„Arbeiten auf Papier", Galerie Nächst St. Stephan, Wien
1985	„Visitors I", Municipal Art Gallery, Los Angeles (Kat.)
	„Works on Paper", Gallery Fuller Goldeen, San Francisco
1986	„Weltbilder – 7 Hinweise", Secession, Wien (Kat., Text: Otmar Rychlik)
	„Zurück zur Farbe", Mücsarnok, Budapest (Kat.)
	„Aug' um Aug'", Galerie Krinzinger, Wien (Kat.)
1987	„Avantgarde of the Eighties", County Museum, Los Angeles (Kat.)
	„Herztöter – Mensch", Galerie Krinzinger, Wien
1988	„ein anderes Klima", Kunsthalle Düsseldorf und Kunstverein für die Rheinlande und Westfalen, Düsseldorf (Kat.)

1989	„Land in Sicht", Mücsarnok, Budapest (Kat.)
	„Kunst der letzten 10 Jahre", Museum Moderner Kunst, Wien (Kat., Text: Lóránd Hegyi)
1990	„Strukturen der Sensibilität", Neue Galerie am Landesmuseum Joanneum, Graz (Kat., Text: Wilfried Skreiner)
1991	„Das Jahrzehnt der Malerei", Kunstforum Länderbank, Wien (Kat.)
1995	„Jahresmuseum 95", Kunsthaus Mürzzuschlag (Kat., Text: Otmar Rychlik)
	„Wasser & Wein", Kunsthalle Krems (Kat.)
	The Living Art Museum, Reykjavik (Kat.)
1996	„Malerei in Österreich", Künstlerhaus Wien (Kat.)
	„Kunst aus Österreich 1896 – 1996", Kunst- und Ausstellungshalle der Bundesrepublik Deutschland, Bonn (Kat.)
	„Elements. Austrian Paintings since 1980", Hugh Lane Municipal Gallery of Modern Art, Dublin (Kat.)
1997	„The Austrian Vision", Denver Art Museum, Denver, Colorado
1998	„La Visión Austríaca", Museo Nacional de Bellas Artes, Buenos Aires (Kat., Text: Rainer Fuchs)
	„Das Jahrhundert der künstlerischen Freiheit", Secession, Wien (Kat.)
1999	„Das Jahrhundert der künstlerischen Freiheit", Helsinki
2000	„mission impossible", Galerie CharimKlocker, Wien
	„Positionen I", Galerie Elisabeth und Klaus Thoman, Innsbruck
	„Summerstage", Galerie CharimKlocker2, Salzburg

IMPRESSUM

Der Katalog erscheint anläßlich der Ausstellung
„Erwin Bohatsch – Arbeiten auf Papier" im März/April 2001
in der Galerie im Traklhaus, Waagplatz 1a, A-5020 Salzburg.
Die Ausstellung wurde zusammen mit dem Museum Rupertinum,
Wiener Philharmoniker Gasse 9, A-5020 Salzburg, organisiert.

Redaktion:
Dietgard Grimmer

Texte:
Peter Waterhouse
Erwin Bohatsch
Werksverzeichnis:
Mechtild Widrich
Hans Widrich

Fotos:
Landesbildstelle Salzburg
Andrew Phelps

Druck:
Samson Druck, St. Margarethen

© 2001 Jung und Jung Verlag, Salzburg
Alle Rechte, insbesonders das des auszugsweisen Abdruckes
und das der fotomechanischen Wiedergabe, vorbehalten.
Printed in Austria
ISBN 3-9021 44-10-6

Die Finanzierung des Kataloges wurde durch Mittel des Landes Salzburg
und durch das BKA/Kunstsektion ermöglicht.

Abbildung auf Einband:
2. November 1999
Acryl, Öl auf Papier, 63 x 44 cm

Abbildung auf Seite 2:
ohne Titel, 2001, Monotypie in 3 Farben,
63 x 44 cm (Platte), WV 66